全国人民代表大会常务委员

# 中华人民共和国
# 出口管制法

**中国民主法制出版社**

**图书在版编目（CIP）数据**

中华人民共和国出口管制法/全国人大常委会办公
厅供稿.—北京：中国民主法制出版社，2020.11
　ISBN 978-7-5162-2302-4

　Ⅰ.①中…　Ⅱ.①全…　Ⅲ.①对外贸易管制—法律—
中国　Ⅳ.①D922.14

中国版本图书馆 CIP 数据核字（2020）第 212895 号

---

**书名**/中华人民共和国出口管制法

**出版·发行**/中国民主法制出版社
**地址**/北京市丰台区右安门外玉林里 7 号（100069）
**电话**/（010）63055259（总编室）　63058068　63057714（营销中心）
**传真**/（010）63055259
**http**：//www.npcpub.com
**E-mail**：mzfz@npcpub.com
**经销**/新华书店
**开本**/32 开　850 毫米×1168 毫米
**印张**/1.25　**字数**/20 千字
**版本**/2020 年 11 月第 1 版　2020 年 11 月第 1 次印刷
**印刷**/北京天宇万达印刷有限公司

---

**书号**/ISBN 978-7-5162-2302-4
**定价**/8.00 元

# 目　录

# 中华人民共和国主席令

## 第五十八号

《中华人民共和国出口管制法》已由中华人民共和国第十三届全国人民代表大会常务委员会第二十二次会议于 2020 年 10 月 17 日通过，现予公布，自 2020 年 12 月 1 日起施行。

中华人民共和国主席　习近平
2020 年 10 月 17 日

# 中华人民共和国出口管制法

（2020 年 10 月 17 日第十三届全国人民代表大会常务委员会第二十二次会议通过）

## 目　　录

# 第一章　总　　则

**第一条**　为了维护国家安全和利益，履行防扩散等国际义务，加强和规范出口管制，制定本法。

**第二条**　国家对两用物项、军品、核以及其他与维护国家安全和利益、履行防扩散等国际义务相关的货物、技术、服务等物项（以下统称管制物项）的出口管制，适用本法。

前款所称管制物项，包括物项相关的技术资料等数据。

本法所称出口管制，是指国家对从中华人民共和国境内向境外转移管制物项，以及中华人民共和国公民、法人和非法人组织向外国组织和个人提供管制物项，采取禁止或者限制性措施。

本法所称两用物项，是指既有民事用途，又有军事用途或者有助于提升军事潜力，特别是可以用于设计、开发、生产或者使用大规模杀伤性武器及其运载工具的货物、技术和服务。

本法所称军品，是指用于军事目的的装备、专用生产设备以及其他相关货物、技术和服务。

本法所称核，是指核材料、核设备、反应堆用非核材料以及相关技术和服务。

**第三条**　出口管制工作应当坚持总体国家安全观，

维护国际和平，统筹安全和发展，完善出口管制管理和
服务。

**第四条**　国家实行统一的出口管制制度，通过制定
管制清单、名录或者目录（以下统称管制清单）、实施
出口许可等方式进行管理。

**第五条**　国务院、中央军事委员会承担出口管制职
能的部门（以下统称国家出口管制管理部门）按照职
责分工负责出口管制工作。国务院、中央军事委员会其
他有关部门按照职责分工负责出口管制有关工作。

国家建立出口管制工作协调机制，统筹协调出口管
制工作重大事项。国家出口管制管理部门和国务院有关
部门应当密切配合，加强信息共享。

国家出口管制管理部门会同有关部门建立出口管制
专家咨询机制，为出口管制工作提供咨询意见。

国家出口管制管理部门适时发布有关行业出口管制
指南，引导出口经营者建立健全出口管制内部合规制
度，规范经营。

省、自治区、直辖市人民政府有关部门依照法律、
行政法规的规定负责出口管制有关工作。

**第六条**　国家加强出口管制国际合作，参与出口管
制有关国际规则的制定。

**第七条**　出口经营者可以依法成立和参加有关的商
会、协会等行业自律组织。

有关商会、协会等行业自律组织应当遵守法律、行

政法规，按照章程对其成员提供与出口管制有关的服务，发挥协调和自律作用。

# 第二章　管制政策、管制清单和管制措施

## 第一节　一般规定

**第八条**　国家出口管制管理部门会同有关部门制定出口管制政策，其中重大政策应当报国务院批准，或者报国务院、中央军事委员会批准。

国家出口管制管理部门可以对管制物项出口目的国家和地区进行评估，确定风险等级，采取相应的管制措施。

**第九条**　国家出口管制管理部门依据本法和有关法律、行政法规的规定，根据出口管制政策，按照规定程序会同有关部门制定、调整管制物项出口管制清单，并及时公布。

根据维护国家安全和利益、履行防扩散等国际义务的需要，经国务院批准，或者经国务院、中央军事委员会批准，国家出口管制管理部门可以对出口管制清单以外的货物、技术和服务实施临时管制，并予以公告。临时管制的实施期限不超过二年。临时管制实施期限届满前应当及时进行评估，根据评估结果决定取消临时管制、延长临时管制或者将临时管制物项列入出口管制清单。

**第十条**　根据维护国家安全和利益、履行防扩散等国际义务的需要，经国务院批准，或者经国务院、中央军事委员会批准，国家出口管制管理部门会同有关部门可以禁止相关管制物项的出口，或者禁止相关管制物项向特定目的国家和地区、特定组织和个人出口。

**第十一条**　出口经营者从事管制物项出口，应当遵守本法和有关法律、行政法规的规定；依法需要取得相关管制物项出口经营资格的，应当取得相应的资格。

**第十二条**　国家对管制物项的出口实行许可制度。

出口管制清单所列管制物项或者临时管制物项，出口经营者应当向国家出口管制管理部门申请许可。

出口管制清单所列管制物项以及临时管制物项之外的货物、技术和服务，出口经营者知道或者应当知道，或者得到国家出口管制管理部门通知，相关货物、技术和服务可能存在以下风险的，应当向国家出口管制管理部门申请许可：

（一）危害国家安全和利益；

（二）被用于设计、开发、生产或者使用大规模杀伤性武器及其运载工具；

（三）被用于恐怖主义目的。

出口经营者无法确定拟出口的货物、技术和服务是否属于本法规定的管制物项，向国家出口管制管理部门提出咨询的，国家出口管制管理部门应当及时答复。

**第十三条**　国家出口管制管理部门综合考虑下列因

素，对出口经营者出口管制物项的申请进行审查，作出准予或者不予许可的决定：

（一）国家安全和利益；

（二）国际义务和对外承诺；

（三）出口类型；

（四）管制物项敏感程度；

（五）出口目的国家或者地区；

（六）最终用户和最终用途；

（七）出口经营者的相关信用记录；

（八）法律、行政法规规定的其他因素。

**第十四条**　出口经营者建立出口管制内部合规制度，且运行情况良好的，国家出口管制管理部门可以对其出口有关管制物项给予通用许可等便利措施。具体办法由国家出口管制管理部门规定。

**第十五条**　出口经营者应当向国家出口管制管理部门提交管制物项的最终用户和最终用途证明文件，有关证明文件由最终用户或者最终用户所在国家和地区政府机构出具。

**第十六条**　管制物项的最终用户应当承诺，未经国家出口管制管理部门允许，不得擅自改变相关管制物项的最终用途或者向任何第三方转让。

出口经营者、进口商发现最终用户或者最终用途有可能改变的，应当按照规定立即报告国家出口管制管理部门。

8

**第十七条**　国家出口管制管理部门建立管制物项最终用户和最终用途风险管理制度，对管制物项的最终用户和最终用途进行评估、核查，加强最终用户和最终用途管理。

**第十八条**　国家出口管制管理部门对有下列情形之一的进口商和最终用户，建立管控名单：

（一）违反最终用户或者最终用途管理要求的；

（二）可能危害国家安全和利益的；

（三）将管制物项用于恐怖主义目的的。

对列入管控名单的进口商和最终用户，国家出口管制管理部门可以采取禁止、限制有关管制物项交易，责令中止有关管制物项出口等必要的措施。

出口经营者不得违反规定与列入管控名单的进口商、最终用户进行交易。出口经营者在特殊情况下确需与列入管控名单的进口商、最终用户进行交易的，可以向国家出口管制管理部门提出申请。

列入管控名单的进口商、最终用户经采取措施，不再有第一款规定情形的，可以向国家出口管制管理部门申请移出管控名单；国家出口管制管理部门可以根据实际情况，决定将列入管控名单的进口商、最终用户移出管控名单。

**第十九条**　出口货物的发货人或者代理报关企业出口管制货物时，应当向海关交验由国家出口管制管理部门颁发的许可证件，并按照国家有关规定办理报关手续。

出口货物的发货人未向海关交验由国家出口管制管理部门颁发的许可证件，海关有证据表明出口货物可能属于出口管制范围的，应当向出口货物发货人提出质疑；海关可以向国家出口管制管理部门提出组织鉴别，并根据国家出口管制管理部门作出的鉴别结论依法处置。在鉴别或者质疑期间，海关对出口货物不予放行。

**第二十条**　任何组织和个人不得为出口经营者从事出口管制违法行为提供代理、货运、寄递、报关、第三方电子商务交易平台和金融等服务。

### 第二节　两用物项出口管理

**第二十一条**　出口经营者向国家两用物项出口管制管理部门申请出口两用物项时，应当依照法律、行政法规的规定如实提交相关材料。

**第二十二条**　国家两用物项出口管制管理部门受理两用物项出口申请，单独或者会同有关部门依照本法和有关法律、行政法规的规定对两用物项出口申请进行审查，并在法定期限内作出准予或者不予许可的决定。作出准予许可决定的，由发证机关统一颁发出口许可证。

### 第三节　军品出口管理

**第二十三条**　国家实行军品出口专营制度。从事军品出口的经营者，应当获得军品出口专营资格并在核定的经营范围内从事军品出口经营活动。

军品出口专营资格由国家军品出口管制管理部门审查批准。

**第二十四条**　军品出口经营者应当根据管制政策和产品属性，向国家军品出口管制管理部门申请办理军品出口立项、军品出口项目、军品出口合同审查批准手续。

重大军品出口立项、重大军品出口项目、重大军品出口合同，应当经国家军品出口管制管理部门会同有关部门审查，报国务院、中央军事委员会批准。

**第二十五条**　军品出口经营者在出口军品前，应当向国家军品出口管制管理部门申请领取军品出口许可证。

军品出口经营者出口军品时，应当向海关交验由国家军品出口管制管理部门颁发的许可证件，并按照国家有关规定办理报关手续。

**第二十六条**　军品出口经营者应当委托经批准的军品出口运输企业办理军品出口运输及相关业务。具体办法由国家军品出口管制管理部门会同有关部门规定。

**第二十七条**　军品出口经营者或者科研生产单位参加国际性军品展览，应当按照程序向国家军品出口管制管理部门办理审批手续。

# 第三章　监督管理

**第二十八条**　国家出口管制管理部门依法对管制物项出口活动进行监督检查。

国家出口管制管理部门对涉嫌违反本法规定的行为进行调查，可以采取下列措施：

（一）进入被调查者营业场所或者其他有关场所进行检查；

（二）询问被调查者、利害关系人以及其他有关组织或者个人，要求其对与被调查事件有关的事项作出说明；

（三）查阅、复制被调查者、利害关系人以及其他有关组织或者个人的有关单证、协议、会计账簿、业务函电等文件、资料；

（四）检查用于出口的运输工具，制止装载可疑的出口物项，责令运回非法出口的物项；

（五）查封、扣押相关涉案物项；

（六）查询被调查者的银行账户。

采取前款第五项、第六项措施，应当经国家出口管制管理部门负责人书面批准。

**第二十九条**　国家出口管制管理部门依法履行职责，国务院有关部门、地方人民政府及其有关部门应当予以协助。

国家出口管制管理部门单独或者会同有关部门依法开展监督检查和调查工作，有关组织和个人应当予以配合，不得拒绝、阻碍。

有关国家机关及其工作人员对调查中知悉的国家秘密、商业秘密、个人隐私和个人信息依法负有保密义务。

**第三十条** 为加强管制物项出口管理，防范管制物项出口违法风险，国家出口管制管理部门可以采取监管谈话、出具警示函等措施。

**第三十一条** 对涉嫌违反本法规定的行为，任何组织和个人有权向国家出口管制管理部门举报，国家出口管制管理部门接到举报后应当依法及时处理，并为举报人保密。

**第三十二条** 国家出口管制管理部门根据缔结或者参加的国际条约，或者按照平等互惠原则，与其他国家或者地区、国际组织等开展出口管制合作与交流。

中华人民共和国境内的组织和个人向境外提供出口管制相关信息，应当依法进行；可能危害国家安全和利益的，不得提供。

# 第四章 法律责任

**第三十三条** 出口经营者未取得相关管制物项的出口经营资格从事有关管制物项出口的，给予警告，责令

13

停止违法行为，没收违法所得，违法经营额五十万元以上的，并处违法经营额五倍以上十倍以下罚款；没有违法经营额或者违法经营额不足五十万元的，并处五十万元以上五百万元以下罚款。

第三十四条 出口经营者有下列行为之一的，责令停止违法行为，没收违法所得，违法经营额五十万元以上的，并处违法经营额五倍以上十倍以下罚款；没有违法经营额或者违法经营额不足五十万元的，并处五十万元以上五百万元以下罚款；情节严重的，责令停业整顿，直至吊销相关管制物项出口经营资格：

（一）未经许可擅自出口管制物项；

（二）超出出口许可证件规定的许可范围出口管制物项；

（三）出口禁止出口的管制物项。

第三十五条 以欺骗、贿赂等不正当手段获取管制物项出口许可证件，或者非法转让管制物项出口许可证件的，撤销许可，收缴出口许可证，没收违法所得，违法经营额二十万元以上的，并处违法经营额五倍以上十倍以下罚款；没有违法经营额或者违法经营额不足二十万元的，并处二十万元以上二百万元以下罚款。

伪造、变造、买卖管制物项出口许可证件的，没收违法所得，违法经营额五万元以上的，并处违法经营额五倍以上十倍以下罚款；没有违法经营额或者违法经营额不足五万元的，并处五万元以上五十万元以下罚款。

**第三十六条**　明知出口经营者从事出口管制违法行为仍为其提供代理、货运、寄递、报关、第三方电子商务交易平台和金融等服务的，给予警告，责令停止违法行为，没收违法所得，违法经营额十万元以上的，并处违法经营额三倍以上五倍以下罚款；没有违法经营额或者违法经营额不足十万元的，并处十万元以上五十万元以下罚款。

**第三十七条**　出口经营者违反本法规定与列入管控名单的进口商、最终用户进行交易的，给予警告，责令停止违法行为，没收违法所得，违法经营额五十万元以上的，并处违法经营额十倍以上二十倍以下罚款；没有违法经营额或者违法经营额不足五十万元的，并处五十万元以上五百万元以下罚款；情节严重的，责令停业整顿，直至吊销相关管制物项出口经营资格。

**第三十八条**　出口经营者拒绝、阻碍监督检查的，给予警告，并处十万元以上三十万元以下罚款；情节严重的，责令停业整顿，直至吊销相关管制物项出口经营资格。

**第三十九条**　违反本法规定受到处罚的出口经营者，自处罚决定生效之日起，国家出口管制管理部门可以在五年内不受理其提出的出口许可申请；对其直接负责的主管人员和其他直接责任人员，可以禁止其在五年内从事有关出口经营活动，因出口管制违法行为受到刑事处罚的，终身不得从事有关出口经营活动。

国家出口管制管理部门依法将出口经营者违反本法的情况纳入信用记录。

**第四十条**　本法规定的出口管制违法行为，由国家出口管制管理部门进行处罚；法律、行政法规规定由海关处罚的，由其依照本法进行处罚。

**第四十一条**　有关组织或者个人对国家出口管制管理部门的不予许可决定不服的，可以依法申请行政复议。行政复议决定为最终裁决。

**第四十二条**　从事出口管制管理的国家工作人员玩忽职守、徇私舞弊、滥用职权的，依法给予处分。

**第四十三条**　违反本法有关出口管制管理规定，危害国家安全和利益的，除依照本法规定处罚外，还应当依照有关法律、行政法规的规定进行处理和处罚。

违反本法规定，出口国家禁止出口的管制物项或者未经许可出口管制物项的，依法追究刑事责任。

**第四十四条**　中华人民共和国境外的组织和个人，违反本法有关出口管制管理规定，危害中华人民共和国国家安全和利益，妨碍履行防扩散等国际义务的，依法处理并追究其法律责任。

# 第五章　附　　　则

**第四十五条**　管制物项的过境、转运、通运、再出口或者从保税区、出口加工区等海关特殊监管区域和出口监管仓库、保税物流中心等保税监管场所向境外出口，依照本法的有关规定执行。

第四十六条　核以及其他管制物项的出口，本法未作规定的，依照有关法律、行政法规的规定执行。

第四十七条　用于武装力量海外运用、对外军事交流、军事援助等的军品出口，依照有关法律法规的规定执行。

第四十八条　任何国家或者地区滥用出口管制措施危害中华人民共和国国家安全和利益的，中华人民共和国可以根据实际情况对该国家或者地区对等采取措施。

第四十九条　本法自 2020 年 12 月 1 日起施行。

# 关于《中华人民共和国出口管制法（草案）》的说明

——2019 年 12 月 23 日在第十三届全国人民代表大会常务委员会第十五次会议上

商务部部长　钟　山

委员长、各位副委员长、秘书长、各位委员：

我受国务院委托，现对《中华人民共和国出口管制法（草案）》作说明。

## 一、立法的必要性

出口管制是指一国为履行防扩散等国际义务、维护国家安全和发展利益等目的，对核、生物、武器等特定物项的出口采取禁止或者限制性措施，是国际通行做法。为加强和规范出口管制，各国普遍重视建立和完善出口管制法律制度。我国先后制定了监控化学品管理条例、核出口管制条例、军品出口管理条例、核两用品及相关技术出口管制条例、导弹及相关物项和技术出口管制条例和生物两用品及相关设备和技术出口管制条例等6部有关出口管制的行政法规，形成了覆盖核、生物、化学、导弹以及军品等物项的出口管制法律制度体系，对加强出口管制、积极履行国际义务、维护国家安全发挥了重要作用。与此同时，我国出口管制立法相对分散，出口管制工作的统筹协调机制不够完善，管制物项的范围以及管制措施与其他国家不完全对等、平衡，已经不适应时代发展的要求，有必要根据形势变化，总结现行6部行政法规实施经验，借鉴国际通行做法，制定一部统领出口管制工作的法律，统一确立出口管制政策、管制清单、管制措施以及监督管理等方面的基本制度框架和规则，以更加完善的出口管制法律制度，为做好新时期出口管制工作提供更有力的法治保障。党中央、国务院高度重视出口管制法制定工作。制定出口管制法列入全国人大常委会和国务院2019年立法工作计划。按照有关工作安排，商务部牵头起草了《中华人民共和国出口管制法（送审稿）》，并向社会公开征求意见。司法部进一步征求有关部门、地方政府、企业和行业协会意见，会同中央财办、发展改革委、中央军委法制局等55个部门修改完善形成《中华人民共和国出口管制法（草案）》（以下简称草案）。草案已经国务院同意。

## 二、总体思路和主要内容

出口管制法制订遵循以下思路：一是坚持总体国家安全观，统筹国内国际两个大局，立足于严格履行国际义务、树立我负责任大国形象和维护国家安全实际需要，有效应对新形势下出口管制工作面临的风险和挑战。二是不改变现行管理体制和职责分工，与有关法律、行政法规做好衔接，确保出口管制工作平稳、有序。三是准确把握新情况新问题，有针对性地完善制度措施、填补立法空白，确保出口管制手段充足、灵活高效。四是落实"放管服"改革要求，处理好严格管制与简政便民的关系，尽可能减轻企业负担，进一步优化营商环境。

草案包括总则、管制政策和清单、管制措施、监督管理、法律责任、附则等六章，共48条，主要对以下事项作了规定：

（一）关于适用范围。为更好适应实际需要，草案除将两用物项、军品、核纳入管制物项外，还明确将"其他与履行国际义务和维护国家安全相关的货物、技术、服务等物项"纳入管制物项，确保应管尽管，实现管制物项全覆盖。在适用的主体上，涵盖出口行为所涉各类主体，包括中国和外国的自然人、法人和其他组织，确保出口管制"见物又见人"；在管制的环节上，既适用于出口，也适用于过境、转运、通运、再出口等各个相关环节，确保不留空白和死角。（第二条、第四

十五条）

（二）关于管理体制。草案保持现行出口管制管理体制的稳定性，规定国务院和中央军委承担出口管制职能的部门按照职责分工承担出口管制有关工作；国务院和中央军委其他有关部门按照职责分工做好有关工作。为加强统筹协调以及提高出口管制专业化水平，规定国家建立出口管制工作协调机制，统筹协调出口管制工作重大事项；国家出口管制管理部门会同有关部门建立出口管制专家咨询机制，为出口管制工作提供咨询意见。（第五条）

（三）关于管制政策和管制清单。为保障出口管制政策的统一性、权威性，草案明确了出口管制政策的制定主体，其中重大政策报国务院或者国务院、中央军委批准（第八条第一款）；为增强出口管制的针对性，做到精准施策，规定国家出口管制管理部门可以对管制物项出口目的国家或者地区进行评估，确定风险等级并采取相应的管制措施（第八条第二款）；考虑到管制清单的重要性，为确保管制清单符合管制政策、范围科学合理，规定国家根据出口管制政策制定管制清单，并分别明确了两用物项、军品、核出口管制清单的制定和调整机制（第九条）；为更好适应出口管制中可能出现的各种特殊情况，草案还规定，根据履行国际义务、维护国家安全的需要，可以禁止相关管制物项的出口，或者禁止向特定目的国家或者地区以及特定自然人、法人和其他组织出口，并可以对管制清单以外的物项实施临时管制（第十条）。

（四）关于管制措施。完备、有效的管制措施是做好出口管制工作的关键。草案在现行制度基础上，针对出口管制工作面临的新情况新问题，借鉴国际通行做法，主要规定了以下管制措施：对从事管制物项出口的经营者依法采用专营、备案等方式实施管理（第十二条）；对管制清单所列管制物项以及实施临时管制物项的出口实行许可制度（第十三条）；要求出口经营者建立出口管制内部合规审查制度（第十四条）；对管制物项的最终用户和最终用途实行严格管控（第十七条、第十八条、第十九条）；对违反最终用户或者最终用途承诺、可能危害国家安全或者将管制物项用于恐怖主义目的的进口商和最终用户，建立管控名单，采取相应的禁止或者限制性措施（第二十条）；此外，为增强可操作性，草案还对两用物项和军品出口的管理措施分别作了具体规定（第三章第二节、第三节）。

（五）关于监督管理和法律责任。为强化监管，确保出口管制各项制度得到严格遵守，草案专设"监督管理"一章（第四章）；对国家出口管制管理部门的监督检查职权，有关单位和个人配合、协助监督检查的义务，以及违法行为的举报等作了明确规定，并按照加大惩处力度的原则，对违反本法规定的行为规定了明确、严格的法律责任（第五章）。

为落实"放管服"改革精神，在严格出口管制的同时尽可能方便企业，草案规定对出口经营者可以依法实行备案管理（第十二条）；对内部合规审查制度运行情况良好、没有重大违法记录的出口经营者，可以给予相应的许可便利措施（第十四条第二款）。同时，要求国家出口管制管理部门加强指导、做好服务，适时发布有关行业出口管制指南，引导企业规范经营，并及时答复企业就有关事项提出的咨询（第十一条、第十六条）。

　　草案和以上说明是否妥当，请予审议。

# 全国人民代表大会宪法和法律委员会关于《中华人民共和国出口管制法（草案）》修改情况的汇报

全国人民代表大会常务委员会：

常委会第十五次会议对出口管制法（草案）进行了初次审议。会后，法制工作委员会将草案印发各省、自治区、直辖市、中央有关部门和部分企业以及部分高等院校、研究机构征求意见，在中国人大网全文公布草案征求社会公众意见。宪法和法律委员会、财政经济委员会、法制工作委员会联合召开座谈会，听取中央有关部门的意见。宪法和法律委员会、法制工作委员会就草案的有关问题与财政经济委员会、司法部、商务部等部门交换意见、共同研究。宪法和法律委员会于 6 月 11 日召开会议，根据常委会组成人员的审议意见和各方面意见，对草案进行了逐条审议。财政经济委员会、司法部、商务部的负责同志列席了会议。6月23日，宪法和法律委员会召开会议，再次进行了审议。现就出口管制法（草案）主要问题的修改情况汇报如下：

一、草案第十条对管制物项的临时管制作了规定，明确临时管制的实施期限不得超过2年。有的地方和单位提出，临时管制的实施期限届满后应当如何处理，缺乏规定，建议增加。宪法和法律委员会经研究，建议增加以下规定：临时管制实施期限届满前应当及时进行评估，根据评估结果决定取消临时管制、延长临时管制或者将临时管制物项列入出口管制清单。

二、草案第十三条规定，国家对管制清单所列管制物项以及实施临时管制物项的出口实行许可制度；第十五条规定，对于出口管制清单所列管制物项以及临时管制物项之外的货物、技术和服务，有可能危害国家安全等情形的，应当依照第十三条的规定申请许可。有的地方和单位提出，管制物项出口许可制度是出口管制领域的重要制度，无论是管制清单所列管制物项，临时管制物项，还是清单之外属于管制物项的货物、技术和服务，都应实行许可管理，草案的相关规定不够明确，建议整合后统一作出规定。宪法和法律委员会经研究，建议对相关规定作以下修改："国家对管制物项的出口实行许可制度。""出口管制清单所列管制物项或者临时管制物项，出口经营者应当向国家出口管制管理部门申请许可。"出口管制清单所列管制物项以及临时管制物项之外的货物、技术和服务，出口经营者知道或者应当知道，或者得到国家出口管制管理部门通知，相关货物、技术和服务可能存在以下风险的，应当向国家出口管制管理部门申请许可：（一）危害国家安全；（二）被用于设计、开发、生产或者使用大规模杀伤性武器及其运载工具；（三）被用于恐怖主义目的。"

三、有的部门、单位和专家提出，强化管制物项最终用户和最终用途管理，及时进行评估和核查，并对违反最终用户和最终用途管理的进口商和最终用户采取必要的措施，是落实出口管制要求的重要环节，建议充实完善草案的相关规定。宪法和法律委员会经研究，建议对相关规定作以下修改：一是将草案第十九条修改为：国家出口管制管理部门建立管制物项最终用户和最终用途风险管理制度，对管制物项的最终用户和最终用途进行评估、核查，加强最终用户和最终用途管理。二是将草案第二十条第二款修改为："对列入管控名单的进口商和最终用户，国家出口管制管理部门可以采取禁止、限制有关管制物项交易，责令中止有关管制物项出口等必要的措施"；"出口经营者不得违反规定与列入管控名单的进口商、最终用户进行交易"。

四、有的意见提出，应当加强管制物项出口过程中的中介服务管理，禁止相关机构和个人为出口管制违法行为提供代理、货运、寄递、报关、第三方电子商务交易平台和金融等服务。宪法和法律委员会经研究，建议采纳这一意见，增加相关规定。

五、有的常委委员建议增加规定，我国的组织和个人向境外提供出口管制相关信息，应当依法进行；可能危害国家安全的，不得提供。宪法和法律委员会经研究，建议采纳这一意见，增加相关规定。

六、有的意见提出，海关作为国家的进出关境监督管理机关，承担着对进出境的货物进行监管的职责，建议在草案中对海关在出口管制中的职责和权限进一步予以明确。宪法和法律委员会经研究，建议对草案相关规定作以下修改：一是将草案第二十一条第二款修改为：出口货物的发货人未向海关交验由国家出口管制管理部门颁发的许可证件，海关有证据表明出口货物可能属于出口管制范围的，应当向出口货物发货人提出质疑；海关可以向国家出口管制管理部门提出组织鉴别，并根据国家出口管制管理部门作出的鉴别结论依法处置。在鉴别或者质疑期间，海关对出口货物不予放行。二是将草案第四十一条修改为：本法规定的出口管制违法行为，由国家出口管制管理部门进行调查和处罚；法律、行政法规规定由海关调查和处罚的，由其依照本法进行调查和处罚。

七、有的常委委员建议增加关于本法的域外适用的原则规定。宪法和法律委员会经研究，建议增加一条规定：中华人民共和国境外的组织和个人，违反本法有关出口管制管理规定，妨碍防扩散等国际义务的履行，危害中华人民共和国国家安全和利益的，依法处理并追究其法律责任。

此外，还对草案作了一些文字修改。

草案二次审议稿已按上述意见作了修改，宪法和法律委员会建议提请本次常委会会议继续审议。

草案二次审议稿和以上汇报是否妥当，请审议。

全国人民代表大会宪法和法律委员会
2020 年 6 月 28 日

# 全国人民代表大会宪法和法律委员会关于《中华人民共和国出口管制法(草案)》审议结果的报告

全国人民代表大会常务委员会:

常委会第二十次会议对出口管制法草案进行了再次审议。会后，法制工作委员会在中国人大网全文公布草案二次审议稿征求社会公众意见；宪法和法律委员会、法制工作委员会赴浙江进行调研，并就草案的有关问题与有关部门交换意见、共同研究。宪法和法律委员会于9月11日召开会议，根据常委会组成人员的审议意见和各方面意见，对草案进行了逐条审议。中央国安办、财政经济委员会、司法部、商务部的有关负责同志列席了会议。9月29日，宪法和法律委员会召开会议，再次进行了审议。宪法和法律委员会认为，为了维护国家安全和利益，履行防扩散等国际义务，加强和规范出口管制，制定出口管制法是必要的；草案经过两次审议修改，已经比较成熟。同时，提出以下主要修改意见：

一、有的常委委员、单位和社会公众提出，为贯彻总体国家安全观，建议在临时管制、全面管制、管制物项出口许可、管控名单等相关具体制度和规则中，进一步强化出口管制法维护国家安全和利益的属性和功能。宪法和法律委员会经研究，建议采纳这一意见。

二、有的常委会组成人员和社会公众提出，为适应出口管制工作的需要，建议明确出口管制物项包括物项相关的技术资料等数据。宪法和法律委员会经研究，建议在草案二次审议稿第二条中增加一款作为第二款：前款所称管制物项，包括物项相关的技术资料等数据。

三、有的单位和社会公众建议，出口管制管理部门应当发布出口管制内部合规制度建设指引，帮助企业建立健全内部合规制度。宪法和法律委员会经研究，建议将草案二次审议稿第五条第四款修改为：国家出口管制管理部门适时发布有关行业出口管制指南，引导出口经营者建立健全出口管制内部合规制度，规范经营。

四、有的意见提出，出口国家禁止出口的管制物项，或者未经许可出口管制物项，除给予行政处罚外，构成犯罪的还应当依法追究刑事责任，建议予以明确。宪法和法律委员会经研究，建议将草案二次审议稿第四十三条相关规定修改为：违反本法规定，出口国家禁止出口的管制物项或者未经许可出口管制物项的，依法追究刑事责任。

**五**、有的常委委员、部门和社会公众提出，考虑到出口管制工作的需要，建议对外国滥用出口管制措施的行为增加规定相应的反制措施，外资、外贸相关法律中也有类似规定。宪法和法律委员会经研究，建议增加一条规定：任何国家或者地区滥用出口管制措施危害中华人民共和国国家安全和利益的，中华人民共和国可以根据实际情况对该国家或者地区对等采取措施。

此外，还对草案二次审议稿作了一些文字修改。

9月23日，法制工作委员会召开会议，邀请部分专家学者以及企业、部门的代表，就草案中主要制度规范的可行性、法律出台时机、法律实施的社会效果和可能出现的问题等进行评估。总的评价是：在总结实践经验的基础上，适应当前出口管制工作的需要，出台一部统一的出口管制法是非常必要和及时的。草案对管制清单、出口许可、最终用户和最终用途等制度作了规定，制度设计科学合理，具有较强的针对性，符合国际通行规则，适应维护国家安全和利益的需要，总体是可行的。目前法律出台的时机已经成熟，建议尽快审议通过、颁布实施。有的会议代表还对草案提出了一些具体修改意见，宪法和法律委员会进行了认真研究，建议结合常委会审议情况一并考虑。

草案三次审议稿已按上述意见作了修改，宪法和法律委员会建议提请本次常委会会议审议通过。

草案三次审议稿和以上报告是否妥当，请审议。

全国人民代表大会宪法和法律委员会

2020 年 10 月 13 日

# 全国人民代表大会宪法和法律委员会关于《中华人民共和国出口管制法(草案三次审议稿)》修改意见的报告

全国人民代表大会常务委员会：

本次常委会会议于10月13日下午对出口管制法草案三次审议稿进行了分组审议。普遍认为，草案已经比较成熟，建议进一步修改后，提请本次常委会会议表决通过。同时，有些常委会组成人员还提出了一些修改意见。宪法和法律委员会于10月14日上午召开会议，逐条研究了常委会组成人员的审议意见，对草案进行了审议。中央国安办、财政经济委员会、司法部、商务部的有关负责同志列席了会议。宪法和法律委员会认为，草案是可行的，同时，提出以下修改意见：

有的常委委员提出，为增加出口管制管控名单制度的灵活性，建议增加规定：出口经营者在特殊情况下确需与列入管控名单的进口商、最终用户进行交易的，可以向国家出口管制管理部门提出申请。列入管控名单的进口商、最终用户经采取措施，不再有第一款规定情形的，可以向国家出口管制管理部门申请移出管控名单；国家出口管制管理部门可以根据实际情况，决定将列入管控名单的进口商、最终用户移出管控名单。宪法和法律委员会经研究，建议采纳这一意见。

经与有关部门研究，建议将本法的施行时间确定为2020 年 12 月 1 日。

此外，根据常委会组成人员的审议意见，还对草案三次审议稿作了个别文字修改。

草案建议表决稿已按上述意见作了修改，宪法和法律委员会建议本次常委会会议审议通过。

草案建议表决稿和以上报告是否妥当，请审议。

全国人民代表大会宪法和法律委员会
2020 年 10 月 16 日